BEI GRIN MACHT SICH IHR WISSEN BEZAHLT

- Wir veröffentlichen Ihre Hausarbeit, Bachelor- und Masterarbeit

- Ihr eigenes eBook und Buch - weltweit in allen wichtigen Shops

- Verdienen Sie an jedem Verkauf

Jetzt bei www.GRIN.com hochladen und kostenlos publizieren

Bibliografische Information der Deutschen Nationalbibliothek:

Die Deutsche Bibliothek verzeichnet diese Publikation in der Deutschen Nationalbibliografie; detaillierte bibliografische Daten sind im Internet über http://dnb.d-nb.de/ abrufbar.

Dieses Werk sowie alle darin enthaltenen einzelnen Beiträge und Abbildungen sind urheberrechtlich geschützt. Jede Verwertung, die nicht ausdrücklich vom Urheberrechtsschutz zugelassen ist, bedarf der vorherigen Zustimmung des Verlages. Das gilt insbesondere für Vervielfältigungen, Bearbeitungen, Übersetzungen, Mikroverfilmungen, Auswertungen durch Datenbanken und für die Einspeicherung und Verarbeitung in elektronische Systeme. Alle Rechte, auch die des auszugsweisen Nachdrucks, der fotomechanischen Wiedergabe (einschließlich Mikrokopie) sowie der Auswertung durch Datenbanken oder ähnliche Einrichtungen, vorbehalten.

Impressum:

Copyright © 2017 GRIN Verlag
Druck und Bindung: Books on Demand GmbH, Norderstedt Germany
ISBN: 9783668846999

Dieses Buch bei GRIN:

https://www.grin.com/document/450230

S.-M. T.

Trainingsplanung zur Ausdauerverbesserung

GRIN Verlag

GRIN - Your knowledge has value

Der GRIN Verlag publiziert seit 1998 wissenschaftliche Arbeiten von Studenten, Hochschullehrern und anderen Akademikern als eBook und gedrucktes Buch. Die Verlagswebsite www.grin.com ist die ideale Plattform zur Veröffentlichung von Hausarbeiten, Abschlussarbeiten, wissenschaftlichen Aufsätzen, Dissertationen und Fachbüchern.

Besuchen Sie uns im Internet:

http://www.grin.com/

http://www.facebook.com/grincom

http://www.twitter.com/grin_com

Deutsche Hochschule für

Prävention und Gesundheitsmanagement

Hermann Neuberger Sportschule 3

66123 Saarbrücken

Einsendeaufgabe

Fachmodul:	Trainingslehre 2
Studiengang:	Bachelor of Arts Fitnesstraining
Datum	
Präsenzphase	**01.11.2017 – 03.11.2017**
Studienort:	**Frankfurt/ Eschborn Süd**
Semester:	**Wintersemester 2016**

Inhaltsverzeichnis

1	**TEILAUFGABE 1 - DIAGNOSE**..3	
1.1	Allgemeine und biometrische Daten...3	
1.2	Leistungsdiagnostik/ Ausdauertestung..4	
1.3	Gesundheits- und Leistungsstatus der Person..6	
2	**TEILAUFGABE 2 - ZIELSETZUNG/ PROGNOSE**............................7	
3	**TEILAUFGABE 3 – TRAININGSPLANUNG MESOZYKLUS**..........8	
3.1	Grobplanung Mesozyklus...8	
3.2	Detailplanung Mesozyklus...9	
3.3	Begründung zum Mesozyklus..11	
4	**TEILAUFGABE 4 – LITERATURRECHERCHE**...............................12	
5	**LITERATURVERZEICHNIS**..13	
6	**ABBILDUNGS- UND TABELLENVERZEICHNIS**............................14	
6.1	Tabellenverzeichnis..14	
6.2	Abbildungsverzeichnis...15	

1 Teilaufgabe 1 - Diagnose

1.1 Allgemeine und biometrische Daten

Tab. 1: Allgemeine Daten

Parameter	Erhobene Daten
Alter	32 Jahre
Geschlecht	weiblich
Körpergröße	175 cm
Körpergewicht	74 kg
Trainingsmotive	Verbesserung körperlicher Fitness, Körperfett senken, nicht mehr so schnell aus der Puste sein (beim Treppen steigen in die Wohnung)
Berufliche Tätigkeit	Bankangestellte
Zeitlicher Verfügungsrahmen	1-2 Stunden/ Tag an 3 Tagen/ Woche
Frühere sportliche Aktivitäten	Schulsport
Aktuelle sportliche Aktivitäten	keine weiteren sportlichen Aktivitäten seit dem Abitur, Bewegung nur beim Wohnungsputz und zum Einkaufen
Medikamente/ Vorerkrankungen	Keine aktuelle Medikamenteneinnahme oder bekannte Erkrankungen, keine gesundheitlichen Einschränkungen

Tab. 2: Biometrische Daten

Parameter	Messwerte	Normwerte
Ruhepuls	66 S/ min	Normal zwischen 60 und 80 Schlägen/ Minute
Blutdruck	141/ 92 mmHg	Optimal: unter 120 systolisch/ unter 80 diastolisch Normal: unter 130 systolisch/ unter 85 diastolisch Hochnormal: 130-139 systolisch / 85-89 diastolisch Hypertonie Stufe 1: 140-159 sys. / 90-99 dias. (American Heart Association, modifiziert nach Mancia et. al., 2013)
BMI	24,6 kg/m²	Untergewicht: < 18,5 Normalgewicht: 18,5- 24,9 Übergewicht: 25- 29,9 Adipositas: > 29,9 (World Health Organization, 2000)
Körperfettanteil (KFA)	33%	Niedrig: < 21% (Werte für Frauen zwischen Normal: 21-33% 20 und 39 Jahren.) Hoch: 33-39% Sehr hoch: >39% (Gallagher et. al., 2000)
Taille-Hüft-Quotient (THQ)	0,83 → gynoid	Frauen: gynoid< 0.85< android (International Task Force for Prevention of Coronary Heart Disease, 1998)
Bewertung der erhobenen Daten		Der Blutdruck ist erhöht und in der Hypertoniestufe 1 (über 140/90) einzuordnen und bedeutet, dass der Sport ohne Einschränkungen ausgeübt werden kann. Es sollte lediglich darauf geachtet werden, dass beim Training der Puls stets unter Kontrolle ist und wenig bis keine Übungen mit dem Kopf unter Herzhöhe ausgeführt werden. Der Ruhepuls ist als gut einzustufen. Der Sollwert liegt zwischen 60-80 Schlägen in der Minute und mit 66 S/min liegt die Kundin in diesem Bereich. An BMI und KFA Werten wird deutlich, dass sie sich an der Grenze zum leichten Übergewicht befindet. Der THQ sagt aus, ob das Körperfett eher in der Bauchregion (android, ungesund, drückt auf innere Organe) oder an Hüfte und Beinen (gynoid) verteilt ist. Bei der Kundin ist die Körperfettverteilung daher als günstig zu bewerten.

1.2 Leistungsdiagnostik/ Ausdauertestung

Nachdem nun die ersten Daten der Kundin erhoben wurden, wird ein Ausdauertest durchgeführt. Dieser dient einer Referenzdatenanalyse. D.h., dass ihr aktueller Leistungsstand mit Normwerten (gleichen Alters und Geschlechts) verglichen wird und somit bewertet werden kann, ob sie im Durchschnitt oder darunter bzw. darüber liegt. Desweiteren werden von diesem Test ausgehend, Trainingsempfehlungen ausgesprochen und es können Re-Tests durchgeführt werden, um eine individuelle Entwicklung verfolgen zu können.

Für die Kundin ist der submaximale Stufentest nach dem Belastungsschema der WHO, auf Grundlage des IPN-Tests, ein geeignetes Fahrradergometertestverfahren.

Bei einem Stufentest kann, durch einer definierten Eingangsbelastung, Belastungssteigerung, Stufendauer und Pulsobergrenze, anschließend ein Ist-Soll-Vergleich mit Normwerten erfolgen, aus dem sich die Ausdauerleistungsfähigkeit der Person einschätzen lässt. Untersucht wird, wie der Körper auf die Steigerungen der Stufen reagiert.

Der Submaximaltest lässt Rückschlüsse auf die Leistungsfähigkeit zu, ohne dass gesundheitliche Risiken bestehen oder der Körper völlig ausbelastet werden muss. Dazu hängt die submaximale Belastung weniger von der Motivation und dem Ehrgeiz der Kundin ab.

Der ausgewählte Test ist der IPN-Test. Durch ihn kann eine Voreinstufung erfolgen und eine individuelle Trainingsempfehlung gegeben werden.

Durch die Voreinstufung ergibt sich, dass die Kundin für Normwerte ihres Alters, Geschlechts, Ruhepulses und aktuellen Trainingszustandes untrainiert ist und eine Zielherzfrequenz von 135 S/ min hat. Das passende Belastungsschema hierzu ist, dass der WHO, welches im Gesundheits- und Fitnessbereich einen weiten Anwendungsbereich findet und für leistungsschwache Personen gut geeignet ist.

Die Kundin leidet am Testtag an keiner Infektion, Erkrankung oder Unwohlsein, wird aber dennoch in regelmäßigen Abständen gefragt, wie es ihr geht und ob alles in Ordnung ist. Sollten subjektive Beschwerden auftauchen oder die Zielherzfrequenz überschritten werden, wird der Test sofort abgebrochen.

Der IPN-Test sieht die Testung auf einem Fahrradergometer vor, welches die Vorteile hat, dass es reproduzierbar und exakt dosierbar ist. Desweiteren ist die Gefahr von orthopädischen Fehlbelastungen gering und die koordinative Anforderung auf einem niedrigen Level.

Tab. 3: Testprotokoll Fahrradergometertest

Belastungsschema: submaximaler Stufentest nach der WHO, Geschlecht: weiblich, Alter: 32 J., Gewicht: 74 kg, (Name: Datenschutzrechtlich nicht genannt)					
Ruhepuls: 66 S/ min	Blutdruck: 141/92	Pulsobergrenze (nach WHO): 148 S/ min	Zielherzfrequenz (nach IPN): 135 S/ min	Testgerät: Fahrradergometer	
Eingangsbelastung: 25 Watt	Stufendauer: 2 min	Belastungssteigerung: 25 Watt	Trittfrequenz: 60-80 U/ min	Anmerkungen: Eingangstest	
Zeit in min	Watt	HF1	HF2	Rechnung	
2	25	99	103	100 Watt durchfahren, 125 zur Hälfte durchfahren → 25 Watt : 2 = 12,5 Watt → 100+12,5 = 112,5 Watt 112,5 : 74kg = 1,5 → Normbewertung aus Abb. 1 ablesen	
4	50	110	114			
6	75	119	123			
8	100	129	131			
10	125	135	(139)			
Watt gesamt: 112,5		Watt/ kg: 1,5				
Bewertung n. Normtabelle	Vergleicht man dieses Ergebnis mit der Normtabelle für Frauen (Abb.1) ergibt sich, für 1,5 Watt/ kg und einem Alter von 32 Jahren, eine unterdurchschnittliche Ausdauerleistungsfähigkeit.				

Alter / Intensität	< 30	30-34	35-39	40-44	45-49	50-54	55-59	> 60	Bewertung
0,50	1.15	1.09	1.04	0.98	0.92	0.86	0.81	0.75	☹☹
0,51	1.2	1.14	1.08	1.02	0.96	0.90	0.84	0.78	☹☹
0,52	1.25	1.19	1.13	1.06	1.00	0.94	0.88	0.81	☹☹
0,53	1.3	1.24	1.17	1.11	1.04	0.98	0.91	0.85	☹☹
0,54	1.35	1.28	1.22	1.15	1.08	1.01	0.95	0.88	☹☹
0,55	1,40	1,33	1,26	1,19	1,12	1,05	0,98	0,91	☹
0,56	1.45	1.38	1.31	1.23	1.16	1.09	1.02	0.94	☹
0,57	1.50	1.43	1.35	1.28	1.20	1.13	1.05	0.98	☹
0,58	1.55	1.47	1.40	1.32	1.24	1.16	1.09	1.01	☹
0,59	1.60	1.52	1.44	1.36	1.28	1.20	1.12	1.04	☹
0,6	1,70	1,62	1,53	1,45	1,36	1,28	1,19	1,11	∅
0,61	1.80	1.71	1.62	1.53	1.44	1.35	1.26	1.17	∅
0,62	2.00	1.90	1.80	1.70	1.60	1.50	1.40	1.30	∅
0,63	2.10	2.00	1.89	1.79	1.68	1.58	1.47	1.37	☺

Abb. 1: Relative Watt-Soll-Leistung bei Frauen: Normtabelle (IPN, 2004, S.8)

1.3 Gesundheits- und Leistungsstatus der Person

Tab. 4: Gesundheits-/Risikoprofil der Kundin

1) Bluthochdruck (Hypertoniestufe 1)
2) an der Grenze zum Übergewicht
3) Bewegungsmangel → sitzende Tätigkeit, kein Sport bisher
4) schlechte kardiovaskuläre Fitness (unterdurchschnittliches Ausdauertestergebnis)

Aus diesem Profil lässt sich entnehmen, dass bei der Kundin eine Grundlagenausdauer aufgebaut werden muss, mit vorerst niedrigen Intensitäten. Zuerst sollte sie an regelmäßige Bewegung gewöhnt werden, es sollte ihr Spaß machen und zur Selbstverständlichkeit werden, sich mehrfach die Woche mindestens 30-60 Minuten zu bewegen. Da sie sich in der Hypertoniestufe 1 befindet, kann der Sport ohne Einschränkungen betrieben werden (Hoffmann, 2001, S.20). Um der Hypertonie entgegenzuwirken sind mindestens 30 Minuten tägliches aerobes Ausdauertraining nötig. Besser wäre es jedoch zu einer Trainingsdauer von ca. 60 Minuten, 3-4 mal pro Woche, zu gelangen. Dieser Aspekt lässt sich auch auf Punkt 3 des Risikoprofils beziehen. Eine regelmäßige Bewegung wirkt dem Bewegungsmangel entgegen und schafft einen Ausgleich zum täglichen Sitzen im Büro.

Desweiteren kann zur Abwechslung die Intensität, mit der Zeit, variieren. Wenn die Kundin an regelmäßige Bewegung gewöhnt ist und ihre Grundlagenausdauer aufgebaut ist, kann ein Stoffwechseltraining mit eingebaut werden, damit sie bei anderen sportlichen Aktivitäten schneller Fettreserven verbrennt und somit in den mittleren Normbereich des Körperfettanteils sinkt.

Ein Fazit dieser Betätigungen ist, dass automatisch auch die kardiovaskuläre Fitness steigt und sich in den mittleren Durchschnitt verbessert. Danach kann explizit an dieser weitergearbeitet werden, damit die Kundin sich in dem guten Durchschnitt wiederfindet und die Re-Tests einen deutlichen Fortschritt zeigen.

2 Teilaufgabe 2 - Zielsetzung/ Prognose

Tab. 5: Zielsetzungen

Inhalt	Ausmaß	Zeit
Blutdruck senken	Von 141/ 92 mmHg auf 133/ 86 mmHg	12 Wochen
Verbesserung der Watt-Soll-Leistung in den guten Durchschnitt	Von 1,5 auf 1,9 Watt/kg	12 Wochen
Körperfett reduzieren	Um 3% (2,3kg) senken auf 30%	6 Wochen

Das übergeordnete Ziel ist das regelmäßige Ausdauertraining, damit die Bewegung zur Selbstverständlichkeit wird. Das Ziel den Blutdruck zu senken, ist aufgrund der gesundheitlichen Voraussetzungen sehr wichtig und geht mit dem Trainingsmotiv „die körperliche Fitness zu verbessern" einher. Innerhalb von 12 Wochen den Blutdruck um 8mmHg systolisch und 6mmHg diastolisch zu senken ist realistisch, da nachgewiesen wurde, dass regelmäßiges Ausdauertraining ähnliche Effekte bei der Hypertonie aufweisen kann, wie die medikamentöse Therapie (Kindermann et al., 2003).

Da die Ausdauerleistungsfähigkeit der Kundin unterdurchschnittlich ist und sie ihre Treppe zur Wohnung hochkommen möchte, ohne aus der Puste zu sein, ist das zweite Ziel ihren Watt/ kg Wert in den guten Durchschnitt zu verbessern.

Ein weiterer Wunsch der Kundin ist, Körperfett zu verlieren. Da sich ihr KFA an der oberen Grenze befindet, wird es durch das Training in 6 Wochen um 3% gesenkt. So hat die Kundin einen ersichtlichen Wert nach einer kürzeren Zeitspanne und zwei größere Ziele nach einer etwas längeren Zeit. Zusätzlich kann nach 6 Wochen ein Re-Test durchgeführt werden, um die Motivation zu erhöhen.

3 Teilaufgabe 3 – Trainingsplanung Mesozyklus

3.1 Grobplanung Mesozyklus

Tab. 6: Grobplanung des Mesozyklus

Dauer	6 Wochen
Trainingsziele	Regelmäßiges Training, Aufbau Grundlagenausdauer (GA1), Einweisung in das Walking/ Laufen
Belastungsumfang in min/ Woche	60- 120 Minuten
Trainingsmethoden	Extensive Dauermethode (nach IPN)
Trainingsintensitäten	60-75% Hfmax → Pulsuntergrenze: 112,8 S/min → Pulsobergrenze: 141 S/min Trainingsherzfrequenz nach IPN: Fahrrad → Pulsuntergrenze: 127 S/min → Trainingsherzfrequenz/ PO: 138 S/min Laufband → Pulsuntergrenze: 131 S/min → Trainingsherzfrequenz/ PO: 143 S/min
Trainingshäufigkeit / Woche	3 mal
Dauer pro Trainingseinheit	20-40 Minuten
Trainingsgeräte	Fahrradergometer, Laufband

Die Trainingsherzfrequenz nach IPN (IPN, 2004, S.10) wurde wie folgt ermittelt:

Fahrradergometer: $((220-LA)-HfRuhe)*BF+HfRuhe=Thf$

$$((220-32)-66)*0,59+66= 138 \text{ S/min } (+/-5 \text{ S/min})$$

Laufband: $((220-3/4LA)-HfRuhe)*BF+HfRuhe=Thf$

$$((220-24)-66)*0,59+66= 143 \text{ S/min } (+/-5 \text{ S/min})$$

LA → Lebensalter; HfRuhe → Ruheherzfrequenz, Thf → Trainingsherzfrequenz;

PO → Pulsobergrenze; PU → Pulsuntergrenze; S → Schläge

BF → Belastungsfaktor (aus Abb.1, Kapitel 1.2 mithilfe Watt/kg abgelesen)

3.2 Detailplanung Mesozyklus

Tab. 7: Mesozyklus Woche 1

Woche 1	Montag	Mittwoch	Freitag
Trainingsziel	Regelmäßiges Training, GA1	Regelmäßiges Training, GA1	Regelmäßiges Training, GA1
Trainingsmethode	Ext. Dauermethode nach IPN	Ext. Dauermethode nach IPN	Ext. Dauermethode nach IPN
Intensitäten von %Hfmax/ %HfReserve	(siehe Tr.-Herzfrequez nach IPN)	(siehe Tr.-Herzfrequez nach IPN)	(siehe Tr.-Herzfrequez nach IPN)
Tr.-Herzfrequenz	Nach IPN: 138 S/min (+/- 5 S/min)	Nach IPN: 138 S/min (+/- 5 S/min)	Nach IPN: 138 S/min (+/- 5 S/min)
Dauer pro Trainingseinheit in min	20	20	20
Trainingsgeräte	Fahrradergometer	Fahrradergometer	Fahrradergometer

Tab. 8: Mesozyklus Woche 2

Woche 2	Montag	Mittwoch	Freitag
Trainingsziel	Regelmäßiges Training, GA1	Regelmäßiges Training, GA1	Regelmäßiges Training, GA1
Trainingsmethode	Ext. Dauermethode nach IPN	Ext. Dauermethode nach IPN	Ext. Dauermethode nach IPN
Intensitäten von %Hfmax/ %HfReserve	(siehe Tr.-Herzfrequez nach IPN)	(siehe Tr.-Herzfrequez nach IPN)	(siehe Tr.-Herzfrequez nach IPN)
Tr.-Herzfrequenz	Nach IPN: 138 S/min (+/- 5 S/min)	Nach IPN: 138 S/min (+/- 5 S/min)	Nach IPN: 138 S/min (+/- 5 S/min)
Dauer pro Trainingseinheit in min	23	23	25
Trainingsgeräte	Fahrradergometer	Fahrradergometer	Fahrradergometer

Tab. 9: Mesozyklus Woche 3

Woche 3	Montag	Mittwoch	Freitag
Trainingsziel	GA1, Einweisung Walking	GA1	GA1
Trainingsmethode	Ext. Dauermethode nach IPN	Ext. Dauermethode nach IPN	Ext. Dauermethode nach IPN
Intensitäten von %Hfmax/ %HfReserve	(siehe Tr.-Herzfrequez nach IPN)	(siehe Tr.-Herzfrequez nach IPN)	(siehe Tr.-Herzfrequez nach IPN)
Tr.-Herzfrequenz	Nach IPN: 143 S/min (+/- 5 S/min)	Nach IPN: 138 S/min (+/- 5 S/min)	Nach IPN: 143 S/min (+/- 5 S/min)
Dauer pro Trainingseinheit in min	26	26	28
Trainingsgeräte	Laufband	Fahrradergometer	Laufband

Tab. 10: Mesozyklus Woche 4

Woche 4	Montag	Mittwoch	Freitag
Trainingsziel	GA1	GA1	GA1
Trainingsmethode	Ext. Dauermethode nach IPN	Ext. Dauermethode nach IPN	Ext. Dauermethode nach IPN
Intensitäten von %Hfmax/ %HfReserve	(siehe Tr.-Herzfrequez nach IPN)	(siehe Tr.-Herzfrequez nach IPN)	(siehe Tr.-Herzfrequez nach IPN)
Tr.-Herzfrequenz	Nach IPN: 143 S/min (+/- 5 S/min)	Nach IPN: 138 S/min (+/- 5 S/min)	Nach IPN: 143 S/min (+/- 5 S/min)
Dauer pro Trainingseinheit in min	30	30	33
Trainingsgeräte	Laufband	Fahrradergometer	Walking/ Laufen (Band/draußen)

Tab. 11: Mesozyklus Woche 5

Woche 5	Montag	Mittwoch	Freitag
Trainingsziel	GA1	GA1	GA1
Trainingsmethode	Ext. Dauermethode nach IPN	Ext. Dauermethode nach IPN	Ext. Dauermethode nach IPN
Intensitäten von %Hfmax/ %HfReserve	(siehe Tr.-Herzfrequez nach IPN)	(siehe Tr.-Herzfrequez nach IPN)	(siehe Tr.-Herzfrequez nach IPN)
Tr.-Herzfrequenz	Nach IPN: 143 S/min (+/- 5 S/min)	Nach IPN: 138 S/min (+/- 5 S/min)	Nach IPN: 143 S/min (+/- 5 S/min)
Dauer pro Trainingseinheit in min	34	35	35
Trainingsgeräte	Walking/ Laufen (Band/draußen)	Fahrradergometer	Walking/ Laufen (Band/draußen)

Tab. 12: Mesozyklus Woche 6

Woche 6	Montag	Mittwoch	Freitag
Trainingsziel	GA1	GA1	GA1
Trainingsmethode	Ext. Dauermethode nach IPN	Ext. Dauermethode nach IPN	Ext. Dauermethode nach IPN
Intensitäten von %Hfmax/ %HfReserve	(siehe Tr.-Herzfrequez nach IPN)	(siehe Tr.-Herzfrequez nach IPN)	(siehe Tr.-Herzfrequez nach IPN)
Tr.-Herzfrequenz	Nach IPN: 143 S/min (+/- 5 S/min)	Nach IPN: 138 S/min (+/- 5 S/min)	Nach IPN: 143 S/min (+/- 5 S/min)
Dauer pro Trainingseinheit in min	38	40	40
Trainingsgeräte	Walking/ Laufen (Band/draußen)	Fahrradergometer	Walking/ Laufen (Band/draußen)

3.3 Begründung zum Mesozyklus

Dargestellt wurde der Mesozyklus Eins, also der Beginn des gesamten Trainings. Der grundlegende Gedanke hinter der Mesozyklusplanung ist, dass sich Kundin regelmäßig bewegen und ihre körperliche Fitness verbessern möchte. Ausdauer wird definiert, dass eine gegebene Belastung über einen längeren Zeitraum aufrechterhalten werden kann, ohne dabei vorzeitig zu ermüden (Martin et al., 1993, S. 173). Da die Kundin drei Tage die Woche Zeit hat zu trainieren, wird diese auch genutzt, damit eine optimale Anpassung erfolgen kann. Der angestrebte wöchentliche Belastungsumfang von 60-120 Minuten begründet sich darauf, dass die Kundin einerseits erstmal an diese Dauer herangeführt werden muss und andererseits, dass die extensive Dauermethode durch einen großen Umfang gekennzeichnet ist. Diese Trainingsmethode wurde gewählt, da durch den IPN-Test ein Training im aeroben Bereich gegeben ist (IPN, 2004) und zudem eine Ökonomisierung der Herz-Kreislauf-Arbeit und eine verbesserte periphere Durchblutung bewirkt (Zintl & Eisenhut, 2001). Angestrebter Trainingsbereich ist der Grundlagenausdauerbereich 1 (GA1), in dem auch bevorzugt die extensive Dauermethode angewendet wird (Neumann et al., 2007; Hottenrott, 2006). GA1 deshalb, da ein Ziel der Kundin ist die Grundlagenausdauer aufzubauen und später auszubauen. Eine Belastungsprogression findet lediglich bei der Dauer der einzelnen Trainingseinheiten von Woche zu Woche statt, um die Kundin Stück für Stück zum längeren Belastungsumfang hinzuführen. Ausgewählte Ausdauergeräte sind der Fahrradergometer, da dieser auch im Test genutzt wurde und das Laufband bzw. Walking draußen, um die Kundin auch mehr in die aufrechte/ gehende Position zu bringen.

4 Teilaufgabe 4 – Literaturrecherche

Tab. 13: Studien: Effekte des Ausdauertrainings bei arterieller Hypertonie

Fragestellungen	Studie 1	Studie 2
Wer hat die Studie durchgeführt?	Romy Meißner	Quinn (zitiert nach Skinner, 2001, S.212)
In welchem Jahr wurden die Studien publiziert?	09.09.2011 (Promotion) März-Oktober 2005 (Studie durchgeführt)	2001 (nach Skinner) nicht genannt (Quinn)
Welche Versuchspersonen?	57 Teilnehmer (m/w), über 60 Jahre, Hypertoniker, alle nahmen im Durchschnitt ca. drei antihypertensive Medikamente ein und hatten diverse Nebenerkrankungen (Diabetes Mellitus, KHK, HLP, etc.)	16 hypertone Probanden (Hypertonie 1 und 2) 16 Probanden mit normalen Blutdruck
Wie sah der Versuchsaufbau aus?	Alles unter medizinischer Aufsicht 1. Eingangsuntersuchung (EKGs, Laufbandspiroergometrie, Langzeitblutdruckmessung) 2. Laufbandspiroergometrie nach modifiziertem Balke-Protokoll 3. Test bis zu einer definierten Ausbelastung 4. Zuweisung in Trainings- oder Kontrollgruppe 5. Trainingsgruppe trainiert 36 Trainingstage nach Intervall-Schema 6. Abschlussuntersuchung (genauso wie Eingangsuntersuchung) 7. Statistik Erstellung	- Akute Wirkung auf den Blutdruck wurde untersucht - Blutdruckmessung - 30-minütiges Training bei 50 und 75% der VO2max - wiederholte Messung des Blutdrucks
Relevante Ergebnisse und Schlussfolgerungen?	In der Trainingsgruppe: - maximale Leistungsfähigkeit: signifikant um ca. 44 Watt verbessert - systolischer Wert um ca. 32mmHg gesenkt bei submaximaler Belastung (sB) - diastolischer Wert um ca. 8mmHg gesenkt bei sB - Laktatwerte um ca. 0,7mmol/l gesunken bei sB - Herzfrequenz unter sB um ca. 22S/min gesunken	- 24 Stunden nach dem Training: signifikant reduzierte systolische und diastolische Blutdruckwerte - längere und stärkere Reduzierung des Blutdrucks bei 75% VO2max - körperliche Bewegung zeigt akute und chronische positive Wirkungen auf den Blutdruck
Fazit	Aus beiden Studien kann man schließen, dass Ausdauertraining sich eindeutig positiv auf die arterielle Hypertonie auswirkt und den Betroffenen zusätzlich zur eventuellen medikamentösen Therapie empfohlen werden sollte.	

5 Literaturverzeichnis

Gallagher, D., Heymsfield, S.B., Heo, M., Jebb, S.A., Murgatroyd, P.R. & Sakamoto, Y. (2000). Healthy percentage body fat ranges: an approach for developing guidelines based on body mass index. *American Journal of Clinical Nutrition, 72* (3), 694-701

Hoffmann, G. (2001). Hypertonie und Sport [Abstractband]. *Deutsche Zeitschrift für Sportmedizin, 52* (7-8), 20.

Hottenrott, K. (2006). *Trainingskontrolle mit Herzfrequenz-Messgeräten.* Aachen: Meyer & Meyer.

Institut für Prävention und Nachsorge (IPN). (2004). *IPN-Test – Ausdauertest für den Fitness- und Gesundheitssport.* Köln: Institut für Prävention und Nachsorge.

International Task Force for Prevention of Coronary Heart Disease. (1998). Coronary-Heart Disease: Reducing the Risk. The scientific backround for primary and secondary prevention of coronary heart disease. *Nutrition, Metabolism and Cardiovascular Diesease-Journal, 8,* 205-271

Kindermann, W., Dickhuth, H.-H., Niess, A., Röcker, K. & Uhrhausen, A. (2003). *Sportkardiologie. Körperliche Aktivität bei Herzerkrankungen.* Darmstadt: Steinkopff.

Mancia, G., Fagard, R., Narkiewicz, K., Redòn, J. Zanchetti, A., Böhm, M et al. (2013). 2013 ESH/ESC Guidelines for the management of arteriel hypertension. The task force for the management of arterial hypertension of the European Society of Hypertension (ESH) and of the European Society of Cardiology (ESC). *Journal of hypertension, 31* (7), 1281-1357

Martin, D., Karl, K. & Lehnertz, K. (1993). *Handbuch Trainingslehre.* Schorndorf: Hofmann.

Meißner, R. (2011). *Effekte eines 12-wöchigen Ausdauertrainings auf die körperliche Leistungsfähigkeit und den psychischen Zustand von Patienten mit isolierter systolischer Hypertonie.* Dissertation. Medizinische Fakultät Charité-Universitätsmedizin Berlin. Zugriff am 09.11.2017. Verfügbar unter http://www.diss.fu-berlin.de/diss/receive/FUDISS_thesis_000000023513

Neumann, G., Pfützner, A. & Berbalk, A. (2007). *Optimiertes Ausdauertraining.* (5. Überarb. Aufl.). Aachen: Meyer & Meyer.

Skinner, J. (2001). Körperliche Aktivität und Gesundheit: Welche Bedeutung hat die Trainingsintensität? *Deutsche Zeitschrift für Sportmedizin, 52,* (6), 211-214

World Health Organization. (2000). *Obesity: Preventing and Managing the Global Epidemic-Report of a WHO Consultation (WHO Technica Report Series 894),*9. Zugriff am 06.11.2017. Verfügbar unter http://www.who.int/nutrition/publications/obesity/WHO_TRS_894/en/

Zintl, F. & Eisenhut, A. (2001). *Ausdauertraining. Grundlagen – Methoden – Trainingssteuerung* (5. Aufl.). München: BLV Sportwissen.

6 Abbildungs- und Tabellenverzeichnis

6.1 Tabellenverzeichnis

Tabellenverzeichnis

Tab. 1: Allgemeine Daten..3

Tab. 2: Biometrische Daten...3

Tab. 3: Testprotokoll Fahrradergometertest..5

Tab. 4: Gesundheits-/Risikoprofil der Kundin..6

Tab. 5: Zielsetzungen...7

Tab. 6: Grobplanung des Mesozyklus..8

Tab. 7: Mesozyklus Woche 1...9

Tab. 8: Mesozyklus Woche 2...9

Tab. 9: Mesozyklus Woche 3...9

Tab. 10: Mesozyklus Woche 4...10

Tab. 11: Mesozyklus Woche 5...10

Tab. 12: Mesozyklus Woche 6...10

Tab. 13: Studien: Effekte des Ausdauertrainings bei arterieller Hypertonie...12

6.2 Abbildungsverzeichnis

Abbildungsverzeichnis

Abb. 1: Relative Watt-Soll-Leistung bei Frauen: Normtabelle (IPN, 2004, S.8)...............5

BEI GRIN MACHT SICH IHR WISSEN BEZAHLT

- Wir veröffentlichen Ihre Hausarbeit, Bachelor- und Masterarbeit

- Ihr eigenes eBook und Buch - weltweit in allen wichtigen Shops

- Verdienen Sie an jedem Verkauf

Jetzt bei www.GRIN.com hochladen und kostenlos publizieren